劳动和社会保障部指定辅导资料

就业·创业指导

创业实用知识篇

劳动和社会保障部培训就业司
中国就业培训技术指导中心 编著

中国劳动社会保障出版社

图书在版编目(CIP)数据

就业·创业指导. 创业实用知识篇/劳动和社会保障部培训就业司，中国就业培训技术指导中心编. —北京：中国劳动社会保障出版社，2005

ISBN 7-5045-4939-8

Ⅰ.创…　Ⅱ.①劳…②中…　Ⅲ.①企业管理-基础知识②职业选择-基本知识　Ⅳ.①F270②C913.2

中国版本图书馆 CIP 数据核字(2005)第 024155 号

中国劳动社会保障出版社出版发行

（北京市惠新东街 1 号　邮政编码：100029）

出 版 人：张梦欣

*

北京华正印刷有限公司印刷装订　　新华书店经销

850 毫米×1168 毫米　32 开本　3.375 印张　60 千字

2005 年 5 月第 1 版　2013 年 10 月第 12 次印刷

定价：9.00 元

读者服务部电话：010－64929211/64921644/84643933

发行部电话：010－64961894

出版社网址：http：//www.class.com.cn

“就业·创业指导”编审委员会名单

序

创业是当今社会发展的大趋势。创业能力和创业精神是一个国家和民族奋发图强，不断进步的动力源。

在我国就业促进工作中，通过劳动者自主创业来实现就业和带动就业正日渐成为就业的主渠道之一。为支持创业活动，扩展创业之路，劳动保障部从组织创业培训入手，在全国推广了将创业培训与项目开发、开业指导、小额贷款、税费减免、后续扶持有机结合的工作模式，为志在创业的劳动者提供政策、资金、技能、信息等“一条龙”服务，在促进国家积极就业政策的贯彻落实的同时，引导和帮助一大批劳动者成功创业，并由此带动了更多劳动者实现就业和再就业。

随着国家创业环境的不断改善，以培训促进创业，以创业促进就业的热潮正在全国兴起。下岗失业人员自主创业，农村劳动者进城创业，各种类型的青年创业、高校毕业生创业、留学回归者创业以及妇女创业、复转军人创业等，组成了劳动者创业的主流。创业活动本身的生命力，在于劳动者的自强自立精神，开拓创新素质和对抗风险能力，而创业项目的成功与否，又取决于劳动者对市场行情、对经营管理、对法律政策、对投入产出等的了解掌握。为使更多的劳动者较快地掌握创业知识、技能和方法，提高成功率，减少盲目性，避免失败，为有志创业的劳动者提供有针对性和实效性的培训指导是十分必要的。

劳动保障部培训就业司、中国就业培训技术指导中心组织编写的“就业·创业指导”系列丛书，包括《创业实用知识篇》《创业政策服务篇》《创业法律融资篇》和《创业案例实践篇》，力求从这四个方面给志在创业的劳动者提供培训指导服务。在内容编写上，努力结合实际，做到简洁、易懂、实用。衷心地希望这套丛书能够为正在创业的劳动者提供更多的帮助。

劳动和社会保障部副部长 张小建

2005年4月

目　录

一、发现商机

二、心理准备

三、把握信息

四、选择项目

五、选择地址

六、经营特色

七、市场调研

八、营销策略

九、业主素质

十、合作伙伴

十一、雇员管理

十二、客户关系

十三、企业顾问

十四、创业风险

十五、创业计划

十六、注册登记

十七、运营管理

许多人梦想拥有自己的企业，自己做老板，享受无限盈利的乐趣。但是对于没有创业经验的人来说，当你真正打算创办自己的企业时，就会发现创办企业有许多事情要考虑，并且是千头万绪，有时会感觉不知所措或疲于应付，创业知识问答能帮你理清创业思路，帮你圆一个创业梦。

一、发现商机

1．怎样理解变化就是商机？

环境的变化，会给各行各业带来良机，人们透过这些变化，就会发现新的前景。变化可以包括：产业结构的变化；科技进步；通信革新；政府放松管制；经济信息化、服务化；价值观与生活形态变化；人口结构变化。任何变化都能激发新的业务机会。我们应通过报纸等信息渠道，寻找变化的规律、趋势、事态。你一定能发现变化带来的商机。

2. 为什么说问题就是商机?

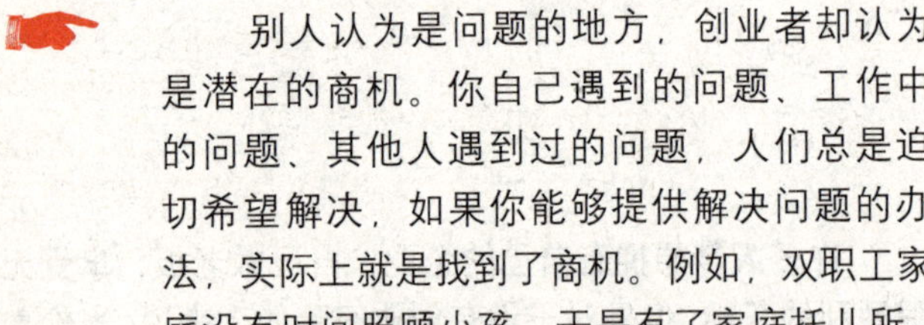

别人认为是问题的地方，创业者却认为是潜在的商机。你自己遇到的问题、工作中的问题、其他人遇到过的问题，人们总是迫切希望解决，如果你能够提供解决问题的办法，实际上就是找到了商机。例如，双职工家庭没有时间照顾小孩，于是有了家庭托儿所；没有时间买菜，就产生了送菜公司。这些都是从“问题”中寻找机会的例子。

3. 如何在竞争中寻找商机?

若你找到了一种方法赢得竞争，你就能用现有的资产或服务创立一个成功的小企业。看看你社区周围的公司，你能做得更好吗？你能比它们更快、更可靠、更便宜地提供产品或服务吗？若能，你就找到了新的商业机会。

二、心理准备

1. 如何使自己的创业之路少些曲折?

有了创业愿望，还需要良好的创业心理素质和基本的经营管理知识与能力。先学习这一课再投身商海无疑是明智的。因此，建议你：

(1) 参加SYB创业培训班，你将学会如何创办和管理一个企业。

(2) 认真阅读创业手册，你将获益匪浅。

(3) 当你发现目前自己的素质能力更适合做一名员工，那么你就不必勉强自己马上开业当老板，而应边打工边提高创业素质；如果你更适合当老板，那么就在创业培训班老师的跟踪辅导下，进行一系列创业准备发奋创业吧！

2. 什么是微小型企业?

企业是一个人或一个群体进行商品生产交换和服务以谋求利润而组建的一种合法的社会经济组织。

微小型企业是指那些从业人员少（几个人）、资金不多（几万元钱）、规模小的企业，也指那些进入、退出门槛低，风险小，易于操作的企业。这种微小型企业大多是服务性行业，装配型制造行业，手工作坊和小型种植、养殖业。按国家政策规定，其中不乏家庭手工业、修理修配、图书借阅、旅店服务、餐饮服务、小饭桌、小商品零售、搬家、钟点工、家庭清洁卫生服务、初级卫生保健服务、婴幼儿看护和教育服务、残疾儿童教育训练和寄托服务、养老服务、病人看护、幼儿和学生接送服务、洗染缝补、复印打字和理发等内容的微利项目。

上述微小型企业都能得到政府在申办、费用、税收、贷款等方面优惠政策的大力支持。

3. 开办私营企业，主要有哪几种形式？

根据我国有关法律规定，开办私营企业主要有3种形式：

（1）**独资企业**——主要是一个人独立出资开办的企业。

（2）**合伙企业**——主要是几个人合伙出资、共同经营、共负盈亏的企业。

（3）**有限责任公司**——主要是采取“公司”形式的企业。详细介绍请看“创业政策服务篇”。

4. 创办自己的企业有什么好处？

一个能在没有多少资源的情况下，锐意创新，发掘并实现潜在价值的人被称为“创业者”。创业者在创业过程中会得到以下好处：

（1）创办自己的企业会有很多的回报。

（2）你将掌握自己的未来。

（3）因出色的工作而赢得尊重、威望和利润。

（4）感受创造以及为社区和国家做贡献的乐趣。

（5）有机会过上较为富足的生活。

5. 创业中可能会遇到哪些困难?

你打算自行创业一定出于某种原因，或是维持生计，或是实现自己的抱负。无论出于什么动机，你将面临以下实际问题：

（1）拿自己的积蓄去冒可能失败的风险。

（2）失去稳定的工资收入。

（3）长时间无休息地工作，甚至生病也得不到休息。

（4）为发工资和债务担忧，甚至拿不到自己的那份工资。

（5）要去做许多你并不喜欢做的事情。

（6）无暇与家人或朋友共处。

如果你已经有一份工作，就要认真考虑是否放弃现有的医疗和失业保障、奖金福利和稳定的工资收入。经营一个企业要承受非常大的压力。创业之前请权衡利弊后再作取舍。

6. 创业初期遇到问题时应该怎样处理?

建议你最好列出问题并自行拟订解决问题的方案。拿着这些东西向有关专家请教。但是不要提空洞的无法给你实际帮助的问题，例如，选址在哪里好；什么生意赚钱；什么项目有发展前途等。

如果你已经开业了，遇到了困难也可以带着问题发生的原因、问题本身以及自己设计的解决问题的方案到专家门诊室寻求帮助。

切记：当专家们不了解你实际问题的背景和有关细节以及你本人对存在问题的态度和你实际应付问题的能力时，将难于向你提供有价值的咨询意见。

7. 创办小企业需要哪些资源?

如果你没有多少钱，又没有开办小企业的经验，你一定要量力而行，要特别管理好创办小企业必不可少的资源。

(1) **人力资源**。对业主本人的要求——业主必须身心健康，有明确的目标和不达目的决不罢休的决心。要能得到家庭的全力支持。

合作者或雇员 —— 微小型企业在创建之

初，必须挑选确实志同道合的合作伙伴或是雇请最优秀的雇员。它的标准就是能与业主目标一致，齐心协力。

从业的业主和合伙人——微小型企业的业主和合伙人（或雇员）必须通晓这个行业的业务。

（2）物力资源。必不可少的开业启动资金。

可用于经营的场所。

（3）市场资源。要有市场。企业所提供的产品／服务确实有市场需求，以及可供进一步开发的市场。

要有可靠的供应商为你创办的微小型企业及时提供必需的产品、半成品或原材料。

要能在开业的当地取得经营许可，包括各种必需的许可证和营业执照。如果需要，还能获得必需的小额贷款。

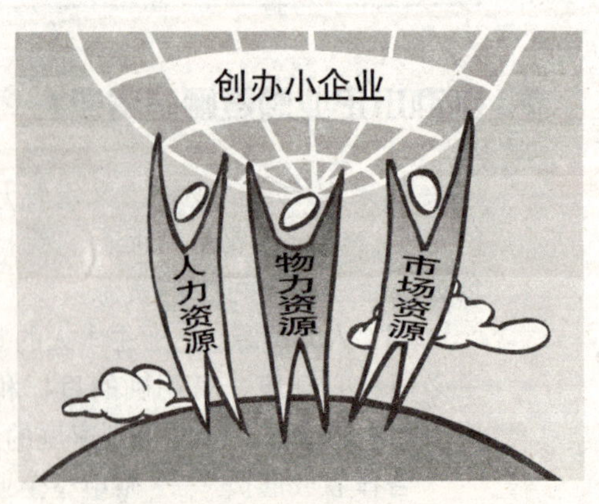

8. 创业为什么要从小规模起步?

创业是一个发现和捕捉机会，由此创造出新颖的产品或服务并实现其潜在价值的过程。一切成功的令人仰慕的私营企业无一例外都是从很小很低的起点发展起来的。

创业从小规模做起，实事求是、量力而行，会有以下好处：

（1）你可以不放弃原来的工作，用业余时间办自己的企业，直到企业运转稳定。

（2）创业初期，你的配偶可以继续从事原有的工作，以后再加入自己的企业。

（3）创业初期，租赁设备比购置设备稳妥、合算。

（4）需要人手时，先雇非全时员工，再雇全时员工。

（5）先购买二手设备，以后再更新。

（6）逐步拓展新的业务领域，避免因财务困难而陷入困境。

（7）根据业务的增长，制定业务扩展计划。

你要当一名受人尊敬的创业者，就从小规模开始筹办你的企业吧！

9. 小企业失败的原因有哪些？

办企业可能会成功也可能会失败，一旦失败，你会血本无归。导致企业失败的原因很多，例如：

（1）**管理问题**——没把企业的经营管理工作同家庭生活、社会事务和各种开支分别开来处理。

（2）**盗窃和欺骗**——员工从企业窃取财物或偷懒。

（3）**缺乏技能和专门知识**——不会管理资金、人员、机器、库存，不懂怎样与客户打交道。

（4）**经营经验不全面**——往往有销售经验，却没有采购经验；有财务经验，却没有生产或销售经验等。

（5）**营销问题**——由于广告不到位、商品质量差、服务不周到，不能招徕足够多的

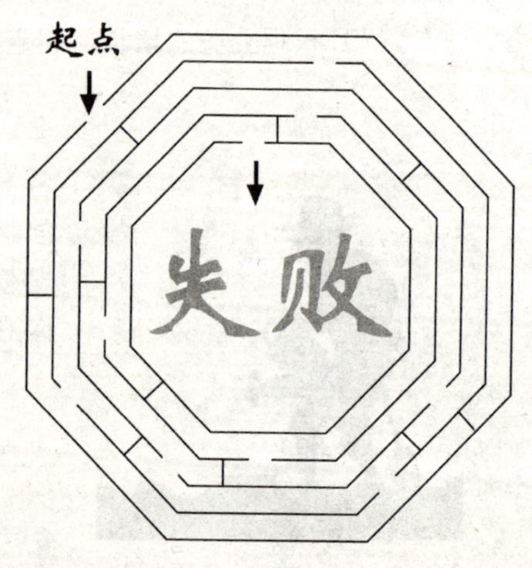

顾客。

(6) **赊销和现金控制不利** —— 在没有核实顾客支付能力及收款措施不完善的情况下，允许顾客赊账购物。

(7) **高支出** —— 没有足够控制诸如差旅、娱乐、营业场地、电、电话等费用的支出。

(8) **某些资产过多** —— 设备和车辆以及非生产性物资过多，缺乏足够的现金维持日常经营活动。

(9) **库存管理不善** —— 存货太多，又无法售出或展示。

(10) **营业地段** —— 企业设在偏僻的地段，不好找，或离客户太远。

(11) **灾害** —— 因为火灾、水灾或其他灾害使企业遭受损失，而又没有为企业投保。

以上这些问题，都可以通过有效的培训和经验的积累得到解决。

10. 如何迈出你创业的第一步？

把你自己作为“创业者”来评价。分析你自己的优势、能力和办企业所下的决心。静下心来认真地进行思考，就会发现自己许多未被重视或未被发现的长处。通过比较，就会看到自己各种能力中的某方面的特长，比如有耐心、善于与人交往、算账很精细、

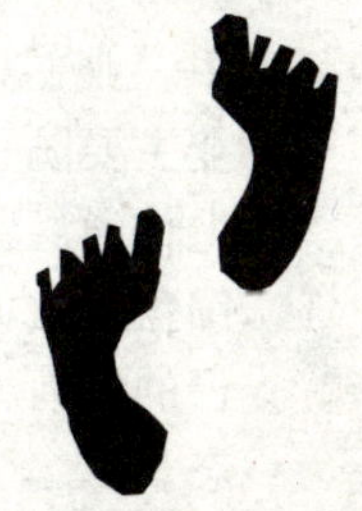

学技术做事情专注有恒心，以及具有某种技能与专长等。

诚实地找出自己的弱点，如果没有某种专门的手艺，那么就不能选择这一个行业当业主。你应该去学习一门手艺，积累两年以上的经验之后再决定是否自行创业。如果存在不善于与人交往、不敢自己拿主意、常常许诺却不兑现、把创业看得很容易或者存有试试看不行再改行的念头、没有家庭的全力支持等问题的话，就要设法加以改变。一旦克服了某个存在的弱点，也就增加了创业的条件。

客观地考虑自己能承担多大的风险。确切地估计自己的经济实力和健康状况。把困难考虑得多一点，因为业主的家庭生活、社会事务、金钱支付都比当一个雇员要复杂得多。业主对企业运转、雇员生活要承担重任。业主要防止欺诈、盗窃与自然灾害，还要努力精通经营管理。于是作为业主的你，要仔细盘算在你十分努力的奋斗下是否能够以自己的体力、见识、能力和经验去应付种种事态。

11．我适合创业吗?

创业是艰难的，在创业的过程中难免会遇到这样或那样的苦恼、挫折、压力甚至失败。企业的成败取决于业主的素质和行为。在你决定创业之前，要看看自己是否具备当业主应具备的性格特点、技术水平和物质条件。思考以下问题并判断你成功的可能性有多大：

（1）**我有创业激情吗?** 创业激情是指你把企业看得非常重要。你愿意加班加点地工作。你毫无怨言地承担责任和义务。

（2）**我有强烈的创业动机吗?** 你知道为什么创办自己的企业，你非常渴望成功创业。

（3）**我做事诚实吗?** 不诚实指你做事不重信誉，这样很快会被传开，你的生意也将随之失利。

（4）**我身体很健康吗?** 为企业操劳会使你的健康受到影响。你必须保持健康。没有健康的身体，你将无法为自己的企业承担义务。

（5）**我有风险意识吗?** 没有绝对保险的生意，你总会冒些可能失败的风险。你必须知道创业可能有哪些风险，以及如何规避和化解这些风险。你甘愿承担风险，而不是无端冒险。

(6) **我办事优柔寡断吗?** 在企业里你经常要作出许多决定。当要作出对企业有重大影响的决定而又难以抉择的时候，你必须果断。生意不好时，你也许不得不辞退勤劳而忠诚的员工。不要发不出工资还保留员工。

(7) **家里人很支持我创业吗?** 办企业将占用你很多时间。你无暇与家人共处，他们是否非常理解你，支持你的创业想法和你的计划。

(8) **我有坚强的毅力吗?** 你是否愿意明确目标，不怕困难，努力实现目标；拒绝轻易放弃。

(9) **我的应变能力很强吗?** 市场千变万化，你要有应付新情况的能力，并能创造性地找到解决问题的方法。

(10) **我是个非常自信的人吗?** 你相信

自己能做成计划中的每一件事情。你坚信你的企业会逐步走向成功。

（11）**我有良好的心理素质吗？**在残酷的市场环境中，你能否做到得意之时不忘乎所以，失意之时不自坠其志。

（12）**我具备企业管理技能吗？**这里指你经营企业所需的市场营销、成本核算、人员管理等技能。

（13）**我有相关行业的知识吗？**你对生意特点的认识和了解是很重要的。懂行就更容易成功。

以上列出的13条被普遍认为是创业者需具备的素质。俗话说“创业难，守业更难”，你在成功地创业之后，还要苦心经营，这就更需要一个良好的心理素质，要有不屈不挠的精神。一句话，自信心是根本，健康是保证。

12. 创业者应重点培养自己哪些能力？

创业者作为小企业的代表和掌舵人，应努力使自己具备以下一些能力：

（1）**组织指挥能力**——使企业各要素与环节准确无误地高效运转。

（2）**谋略决策能力**——就是能在复杂环境下洞察到事物的内在本质和发展趋势，并不失时机地作出科学合理的决策。

（3）**创新创造能力**——要有强烈的时代感和责任感，敢于开拓进取、不断创新，开发出新的产品和新的服务。

（4）**选人用人能力**——能知人善任，能充分调动合作者和雇员的聪明才智和积极主动精神。

（5）**沟通协调能力**——作为新创企业的小业主应该善于妥善安置、处理与协调内部的人际关系。

（6）**社交活动能力**——就是指通过各种社会交往活动，加强小老板与各方面的联系，扩大影响，提高小企业的经济效益。

（7）**语言文字能力**——表现为创业者对讨论、谈判、介绍、书面文字表达等各方面所具有的技巧与艺术的运用。

13. 如何进行经常性的自我培训？

市场唯一不变的是变化，要跟上时代变化的步伐，必须进行经常性的自我培训，建议从以下4个方面入手：

（1）**博览**。广泛涉猎有关创业和其他领域的书籍，不断积累。在博览的基础上，可以急用先学、边用边学，逐步扩展自己的视野。

（2）**勤思**。“学而不思则罔”。博览只是一个知识的吸收过程。在对外观察、接触新事物的时候，多问几个“为什么”。认真记录各种有用的素材及瞬间感受、体会，这是一种积累，长期坚持，个人能力会有很大提高。

（3）实践。“纸上得来终觉浅，绝知此事要躬行。”实践是检验真理的唯一标准。在实践中增长才干是最好的学习。

（4）总结。有总结才有提高。创业中的每一次实践都应认真总结经验教训，以指导今后的工作。总结的方式多种多样，静思、反省、理清头绪；或商讨、书写，落实成文，从某个事件中悟出更广泛、具有指导性的真理或规律。

三、把握信息

1. 如何从市场获得创业者所需要的信息？

直接到市场上收集信息通常被称为“实地调查”。要想节省开支，最好的方法是企业经营者“亲自”去做调查。自己跑腿、自己询问、自己观察、自己记录、自己分析数据、自己做出判断。切忌把道听途说信以为真，也不能依靠别人替你去打听什么事。别人哪怕受雇于你，也忠实地按你的指示和具体要求去调查研究了，但他不可能在为你做事的过程中像你自己那样专注，那样因触类旁通而激发出新的灵感，发现新的问题，找到新的商机。

2．如何从出版刊物中收集市场信息?

收集和分析出版刊物上公开的信息通常称为“资料分析”。资料分析的范围很广，包括利用各种潜在的来源，比如图书馆、同行业协会、研究机构的刊物和政府的出版物。开始时，应首先广泛收集资料，然后筛选出有价值的部分进行详细分析。对资料分类整理后，当需要有关信息时，就可以从整理过的材料中找到相应的重要内容。

3．创业前应了解顾客哪些信息?

企业要想成功获得顾客，就得收集顾客信息，如顾客想要什么产品或服务？顾客愿意为每个产品或每项服务付多少钱？顾客在哪儿？他们一般在什么地方和什么时间购物？他们多长时间购一次物，每年、每月还是每天？他们购买的数量是多少？顾客数量在增加吗？能保持稳定吗？为什么顾客购买特定的产品或服务？他们是否在寻找特定的产品或服务？

4. 怎样收集潜在顾客的信息?

如果你对一种行业很了解，就可以凭自己的经验进行推测。利用行业渠道获得信息，你可以从这一行业的其他人那里获得相关的市场信息。抽样访问你选定的那部分顾客，与尽可能多的顾客交流，看一看到底有多少人想买你的产品。

5. 如何寻找你的顾客?

顾客是你的“上帝”。谁是你的顾客？你要将消费者进行分类，譬如，可以以他们所处的地域，或者以他们使用你的产品的多少为标准进行分类，又或以他们的收入、社会地位、年龄、业余兴趣或其他方式进行分类。一旦你拥有了一个可以确定的人群或者是一组人群，那么你整个营销工作就有了一个异常清楚的目标。最终的目标就是选择一个潜在利润最大的群体或人群组。

6. 如何收集竞争对手的信息?

创办一个小企业之前，一定要查明你所在地区还有谁提供与你同类的产品或服务，这些企业将是你的竞争对手。你应尽可能多地了解竞争对手的情况，和他们的顾客谈谈，从你的竞争对手那里买一些东西，了解他们如何定价？他们提供的商品或服务如何？他们如何推销商品或服务？他们选择贵还是便宜的驻地？竞争对手是怎样做的？要多了解对手的特点，不仅仅是要学习，还应该与之有差别，以形成自己的特色。

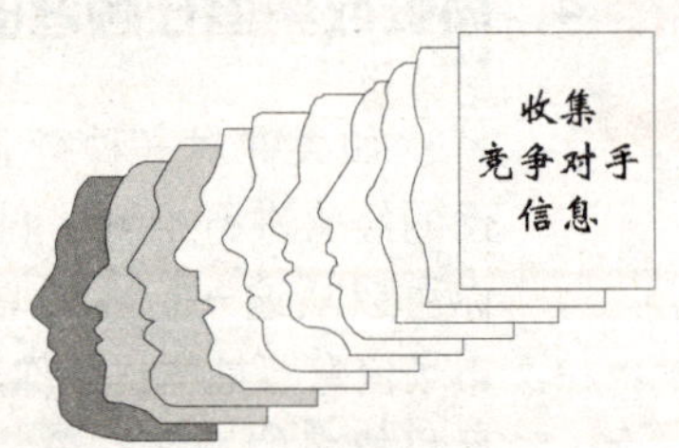

7. 如何从市场环境出发收集信息?

从市场环境出发，寻找有利且合适的商机，以此来选定自己的项目，现提供以下几种思路：

（1）**补缺**—— 如新建入住的小区生活设施尚未齐全，可调查一下还缺少些什么。

（2）**补差**—— 现有的产品或服务还存在什么不足与缺陷，或者显然已跟不上消费发展的新潮流。

（3）**超新**—— 对于一些消费条件较好的地区，如餐饮业，可在传统的内容、形式、环境方面增加些情调或休闲的品味。

8. 如何根据经营状况收集信息？

开业后，你的生意会出现红火、一般或较差几种情况，对此你要做一些调查。

（1）生意较好，但做的人也多了，竞争日趋激烈。调查的重点是竞争集中表现在哪些方面？对手是怎么做的？顾客是如何选择的？比如面对低价竞争，调查时除了要寻找更佳的供货渠道以降低成本外，更应着重了解顾客的消费需求与购买心理的多样性，他们除了追求廉价外，还有什么其他的选择要求。

（2）生意较差，与原先预计的情况有较大的差距。往往存在着两种可能：一是原先的调查与认识有误，需再作重新调查，要更全面、更细致些；二是情况发生了变化，再调查时要着重了解变化体现在哪里？变化的影响程度有多大？该如何调整来适应这些变化？

9. 寻求小企业新的发展需要哪些信息？

打算搞连锁经营，在其他地区开设分店，要注意寻找、了解那些在市场环境与营销条件方面情况相似、水平相当的地区。完全一致是不存在的，但需在主要方面基本相近，还要注意该地区的某些不同之处，再将原有的模式适当调整后照搬过去。

四、选择项目

1. 选择创业方向应注意些什么?

(1) 选择创业要着眼于长远，不能只看到现时，有赚头就上，看要赔了就溜。

(2) 把目标盯住大公司不能插足的行业。生产大公司不能渗入、特殊而有个性的产品，不但能成功，而且可以有长期稳定的市场。

(3) 从容易操作的行业起步，千万不要一步冲上制高点。刚创业时可以从小百货、杂货店、修理店、速递服务等起步。逐步积累经验，沟通关系，积累资本，只要起步好，不怕没钱赚。

(4) 要往有发展潜力的行业钻，千万不要往热点行业钻，热点行业为什么热，因为利润高，有人就拼命往里钻，结果是千军万马走独木桥，弄不好就翻到河里去了。那些不热门的行业，竞争人少，你可以从容不迫地去打开市场。做大事业，赚钱不能心急。

(5) 选择资本周转率高的行业，要回避资本周转率低的行业。资本就好比人身上的血液，要流得快，不能阻塞。投资就

要选择资本周转率高的行业。周转率高，一元可当几元用，小钱能滚出大钱；周转率低，一百元只能当一元用。

（6）要有稳定的业务，不能干“一锤子买卖”。做生意最好要有回头客，客户要像滚雪球，越滚越大才好。一个有客源的小饭店，说不定比没有客源的大饭店还能赚钱。

2. 是否存在见效快的项目？

见效快慢是相对的，是相比较而言的，下面给你提供一些思路供你参考。

（1）**小型项目比大型项目好**。小型项目投资少，形成生产能力快。

（2）**轻工优于重工**。轻工业尤其是消费品，投资风险小，能在短期内见效。

（3）**食品好于一般用品**。民以食为天，千家万户一日三餐是绝对少不了的。

（4）**做女人的生意比做男人的生意更能赚钱**。女人常常是家庭中的“一把手”，又是掌握财权的，因此应多关注为女人提供的商品或服务。

（5）**小孩比大人更容易形成新的消费**。独生子女是中国的独特文化，孩子们的需求左右着中国家庭的消费。

（6）**专比杂好**。专——专业，杂——综合。综合进行多种经营有利于降低风险，但“专”容易形成生产经营特色，形成名牌通常都是靠专业和特色。

3. 创业者选择什么行业好？

行业其实就是创业方向问题。这个问题的确很重要，方向错了，任凭你使多大劲，恐怕也很难成功。那么，究竟选择什么行业呢？

（1）**搞你熟悉的行业。**不要搞从来没有搞过的行当。常言道：“隔行如隔山。”搞熟悉的行当，市场熟、产品熟、人际关系也熟，这就叫“驾轻就熟”。

（2）**搞市场需要的行业。**市场的需求是有层次的，不同的人有不同的需求，好好分析，某一层次需求满足了，并不代表所有的需求都能满足。现在市场上比较关心的是青年人的需求、小朋友的需求，而往往忽视了老年人的需求；满足了生产的需求，忽视了环保的需求；满足了机关单位的需求，忽视了街道社区的需求等。

（3）**搞力所能及的项目。**“力”就是能力，包括资金、专业特长、承受风险的能力等。

从自己现有的条件出发，选择投资少、风险小、开业容易、利润较平、与社区居民日常生活有关的项目。调研的重点应是对项目进行可行性的审核：是否适合本地区的需求，有多大的市场容量以及由收入、职业、年龄、文化等因素形成的差异，自己可能取得多少市场份额。

4. 什么是对自己合适的项目?

项目对一个人是不是合适要看能不能符合下面这些条件:

(1) **个人素质相应**。通过对自己创业素质的衡量，对自己的情况也有所了解，如自己的年龄、体力、学历、技能、阅历、经验、社会关系等。尺有所短、寸有所长，一般来讲，年纪轻、阅历少的人精力充沛。年纪偏大、学历低的人经历多。一个人所选经营项目必须用己之长避己之短。简明地讲，要懂行，至少也比较懂行。

(2) **个性偏好相合**。“爱好”与人的性格、环境影响有密切关系。所以，喜欢静下心来钻研技术的人和喜欢各处走动与人交往的人，喜欢动手摆弄物件的人和喜欢观察事物好出主意的人有很大不同。一个人在做他喜欢的事的时候，能够比别人更投入。哪怕工作看来很艰苦，他也能从中获得别人难以体验的乐趣。创业看来是艰难的，如果创业项目是一个人的爱好，那么更能获得成功。因为他更投入、更努力、更有成就感。也就是说，你必须很想干，至少也要肯干。

(3) **经济能力相当**。创业者一开始要先把经营微小型企业的获利能力估计得保守一点，先把

开始能赚钱的日期推迟一些，对可能出现的风险做更多的防范。然后再看自己如果还有足够的“财力”去开业，成功的可能性就更大了。也就是说有多少钱办多少事，钱少不怕，办小事！直率地说，什么人“找不到合适的项目”呢？那就是一位虽想当老板但目前日子还能过，并且在坐等更好的机会降临的人。他会说：本钱不够、房子难找、做事太累、申办手续太繁、离家太远、不一定能赚钱等。如果是这样，我们建议他暂时不要去筹划当业主的事。只要年纪不老、身体健康，还是设法找一份哪怕工资较低的工作，一边工作一边等待机遇。简明地说，什么是对自己“最合适的项目”呢？那就是懂行的，至少也是比较懂行的项目，自己很想干，至少也肯干的项目。

5. 新手为什么缺乏竞争力?

有的创业者看上去似乎开办了他过去并不熟悉的企业，但在开办企业之前他一定已投入了大量的时间与精力去学习，学会了原本不了解的业务，使自己成了懂行的人之后才创办企业的。

如果想在步入商海的时候就能参与竞争赢得顾客，那他必须对这个行业的业务很熟悉，也了解市场的需求，而且能向顾客提供良好的服务。这一切都不是一个对同行之间的竞争不甚了解的新手能做到的。新手缺乏竞争力，开办企业必定难于成功。

（1）**做贸易企业**。要掌握市场对商品需求的动向。节日里哪些货物旺销；不同季节哪些货物处于淡季；消费层次的不同构成不同的消费群体；顾客的不同偏好能使货物畅销或滞销。

不在某个商业环境里靠打工积累经验，一下子就要当老板，决策的时候将无从着手。

（2）**做制造企业**。决定做什么产品，又应该到哪里去买物美价廉的原材料；生产技术和工艺是否能过关以及通过什么渠道把产品推向市场。对一个新手来说，连头绪都摸不着。

（3）**做服务企业**。要是没有手艺和管理经验怎么制定你的利润目标，投下去的钱什么时候能收回，企业还能维持多久，怎么才能使顾客得到满意的服务。以上这些没有亲自在服务中从顾客那里积累的经验是意识不到的。

（4）**做农、林、牧、渔业企业**。城市里的居民对这一行是极生疏的。没有实践经验就想办牧场、种植花卉，无不以失败告终。

在资金薄弱、经验欠缺的情况下，只能选较为熟悉的行业，加上勤奋学习，决不能轻信道听途说或因盲目乐观而选择对创业者本人极为不利的项目。

6. 怎样确定自己的创业构想?

（1）回忆过去的经历，你对什么行业或技术最熟悉。

（2）分析自身条件，你有哪些优势。

（3）思考你个人的性格特征、兴趣爱好。

（4）清楚你自己手头上有多少资金后，就可以初步确定自己从事哪种行业比较合适。

记住：要选一个你对此业务较为熟悉的行业，也就是“做熟不做生”。退而求其次，你也要去选择一个你非常热爱的行当。由于热爱，你将十分投入、努力学习。请将你的爱好和技能填入表内。对比一下你面临的商业机会以及你的爱好、兴趣和技能：

爱好	兴趣	技能	商业机会

你在确定自己的创业构思时要问自己 4 个问题：

（1）什么能使我疯狂？

（2）什么是我擅长的？

（3）什么使我与众不同？

（4）什么是顾客需求的？

如果你的产品或服务有市场机会，同时你又有利用这个机会的能力和兴趣，那你的想法就是一个好的创业构思。

7. 什么是 SWOT 分析？

有了好的创业构思，还需要进一步测试，可从如下 4 个方面去评价考查你的创业项目：

（1）**我做这个项目的优势在哪里**（和竞争对手比，我做这个项目有什么长处）？

（2）**我做这个项目的弱点是什么**（做这个项目我还有哪些困难）？

（3）**我能抓住这个机会吗**（这个项目的市场究竟有多好）？

（4）我可能遭到的威胁是什么（这个项目会经受哪些风险）？

对优势（STRENGTH）、弱点（WEAKNESS）、机会（OPPERTUNITY）、威胁（THREAT）四者的分析就是很有用处的SWOT分析。

当你做完SWOT分析后，如果能够认定要做的创业项目确有机会，也有能力做，困难可以克服，威胁可以避免，就算通过了SWOT分析。你就可以决定坚持自己的企业构思并进行全面的可行性研究；四者之中只要有一项通不过，你就应该修改原来的企业构思，或者完全放弃这个企业构思。

记住：创业不争迟早，只争在你具备条件后是否立即行动。

8. 小企业获得成功的要素有哪些？

（1）贸易企业。直接面对顾客的特征决定商铺位置是首先要考虑的问题，其次还有店堂布置、服务员的态度等。

（2）服务企业。顾客立即会对你的服务质量做出反应。只有以诚信、地道的服务让顾客感到方便和受尊重，才能使许多“头回客”变成“回头客”。好的口碑胜过一般广告。服务要及时，质量好，地点合适，顾客满意，对顾客诚实，服务收费合理，售后服务可靠。

（3）制造企业。产品必须适销。保证质量与降低成本才能占有市场份额，获得利润。要求生产组织有效，工厂布局合理，原料供应有效，生产效率高，产品质量好，浪费现象少。

（4）农、林、牧、渔业企业。对土地、水源要合理利用，注重环境保护。向市场提供因快捷运输而保证的新鲜产品。采纳新科学技术，提供新颖、鲜活的产品以获得竞争优势。

五、选择地址

1. 经商选址的一般原则是什么?

开店做生意，谁都知道位置的重要性，位置选得恰当，无形中已为你的生意大厦打下坚实的基础。选址应具备以下因素：

（1）商业活动频繁或商业活动历史悠久的街区。这些位置往往寸土寸金，其房价特别高，高租金增加了你的经营成本，也增加了经营压力和风险。你得好好盘算，你的投资、经营项目以及你的经营经验，究竟能否做得起黄金位置上的生意。

（2）人口流动大的车站。这一地段有一个特点，往往乘车或下车路过此地段的人多，其流动性较大，他们的消费对象往往是容易携带或有特色的商品。这一地段适合发展饮食、日常生活用品、旅游用品或纪念品一类的店铺。

（3）人口密度高、人口数量绝对多的居民小区。由于有人口数量的绝对优势，才使得各种类型的店铺都有立足之地，因此人口集中的地段，其需要也多种多样。只要你能紧紧抓住“回头客”，重视服务与质量，生意应该比较稳定并有钱可赚。

（4）同行聚集的街道、集市。这种地段就是“人气”二字。消费者为了能买到尽可能质优价廉的产品，往往采取的最简单的购物规律就是“货比三家”。针对这种心理，由政府驱动也好，行业协会驱动也好，传统习惯使然也好，随着“某某一条街”品牌的逐渐响亮而人气渐升、商机毕现。专业经营无疑是中小型商店的上佳选择。

（5）**大专院校的周边地点**。大学生年龄层次单一，消费行为简单。因此，小吃店、冷饮铺、餐馆、服装店、书店、日杂店、卡拉OK、舞厅、酒廊、电影院等经营性店铺都可以选择。店面装修的简陋、经营水平不高都没有关系，只要有一定的经营特色，投资的回报将比一般的经营地点高。

2. 餐饮业如何选址？

民以食为天，店以人为先。餐饮店面位置的选择将是你生意兴隆的有利因素。

（1）是否靠近消费群体。

（2）了解居民的消费习惯。

（3）了解当地居民的消费水准。可以提供消费水平合适的餐饮服务，确定服务档次。

（4）考察店面周围环境。

（5）店面前是否有宽敞的停车场所。

3. 小批发商选择商址的要领是什么？

商业批发商店应尽量靠近专项性的成行成市之处。批发业的特点是数量大而利润薄，所以首先要保证生意量。一般来说，成行成市的地方，客户往来多，他们在选购别人的商品时，也会来询问和选购你的商品。在这样的地方，你能较快地结识更多的客户与供应商，能了解到更多的商品信息。

4. 农副产品加工业的选址原则是什么？

农副产品的加工可分为简单加工和深加工，应考虑以下因素：

（1）应有得天独厚的资源优势。

（2）应解决运输问题，考察是否有利于原料的运输和产品的外运。

（3）要了解当地政府的政策。

5．制造厂的选址原则是什么？

由于制造厂需要大量的原料来源，所以制造厂要位于离原料基地较近、并且地面较广的地方。制造厂往往需要众多的劳动力或高新技术，一般厂址应靠近劳动密集的地方或技术较为密集的市区附近，这样可以减轻职工及技术人员的住宿、交通费用开支。

6．签订营业地点的租赁协议应注意些什么？

（1）事先向介绍人打听清楚租借协议的详细内容。

（2）有关协议书的内容，应和住房所有人（转借后的业主）共同签订。应查看房屋所有人的房产证、身份证、户口本，并向当地社区管理部门核实。

（3）协议书上未言明的事项，一旦发生纰漏，经双方协商后应补充列入协议书，或在第三人证明下，立下备忘录以备查考。

（4）要问清楚协议书的有效期，以及更换契约书的条件。

（5）各项保证金、押金的内容要确定。

此外，预付屋主的押金，或是缴纳给屋主的租金、手续费，都要事先慎加考虑，以免留下后患。

六、经营特色

1. 企业经营特色是指什么？

特色是不同于其他企业的经营方式和管理风格，它是一个企业的灵魂，是企业的品牌和形象，是核心竞争力。经营特色主要表现在以下几个方面：

（1）**经营项目上的特色**。主要是指生产的产品和提供的服务标新立异。

（2）**服务内容上的特色**。你经营的项目已经有竞争对手，可以考虑服务内容新颖独特，与众不同创出特色。

（3）**店堂、店面装饰上的特色**。这里指店堂的设计、店面的建筑风格特点鲜明，就会引起顾客的注意，唤起他们的好奇心，让他们光顾你的店铺。

在具体的创业实践中，应该根据自己的资金实力和投资项目综合决定自己的经营特色。

2. 店面修饰应注意些什么？

（1）好的店铺大门应具有全方位的开放意识，它的色彩是淡雅、朴素的，但又不失亲和力。此外，大门必须尽可能地做高做宽，这样顾客往门前一望，店铺一览无余，进门也无局促之感。

（2）店面应适时翻新，顺应时代和顾客的需求变化。

3. 店堂装修应有哪些原则？

（1）顾客进来后能迅速分散。

（2）设计一个有人性化的店铺，给顾客一个思考空间，可以自由活动，可以坐着休息。

（3）提供辅助设施，如无偿使用的雨伞、供顾客翻阅的报刊、随身物品存放柜等，让人感到方便舒心。

七、市场调研

1. 为什么说市场调研是成功经营的前提?

如果想把适当的产品与服务，在适当的时间、适当的地点，以适当的价格，用适当的传递方式，销售给适当的顾客，就必须从市场调研入手。

谁掌握的信息更多、更早、更准，谁就把握了竞争的先机。别人的经验和做法绝不能一味地生搬硬套，这是因为各人所面对的情况和自身的条件也不尽一致。别人的经营业绩是建立在他的品种、质量、服务、店誉、位置，以及顾客对象的消费层次、消费习惯等基础上的，而自己是否也具备相同或相似的诸多条件呢？要是条件不同，其结果也往往是不同的。所以，创业者在考察、学习别人的经验后，还应对自己的市场环境与经营能力作一番充分、具体的调查、分析与对比，然后再调整确定自己的经营目标与经营对策。这才是切合实际、行之有效的。

因此，创业者在着手创办企业以及在日后的经营过程中，必须重视与做好市场调研工作，它是成功经营的前提与保证。

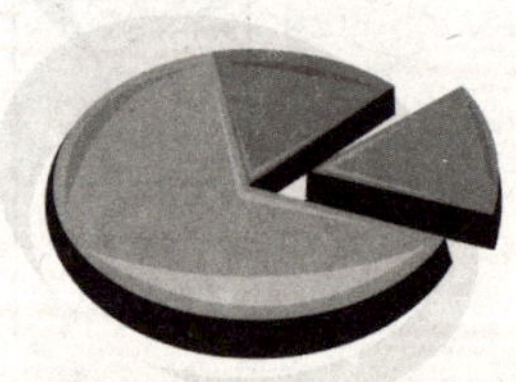

2. 市场调研应包括哪些内容?

企业每次调研活动的具体内容，可根据其面临的实际情况和需要，有所侧重、有所选择。以下是市场调研的一般内容，主要包括4个方面：

（1）**宏观环境方面**。国家与行业的政策、法规，包括其相关内容及导向趋势。如产业调整与行业规范，民营企业的发展，加入世贸组织后的市场新格局，科技的新成果及应用等对市场的影响。其中，尤其要注意年轻人的生活态度与生活方式的变化，因为他们代表着未来市场消费的主体。

（2）**市场需求方面**。这部分是市场调研的核心内容，其表现可反映在两个方面：一是对某种商品的现实需求，如品种、数量、质地、性能、外观、包装、价格与服务等；二是对某方面商品的潜在需求。

（3）**市场供应方面**。由供应而引起的竞争要特别予以重视，有哪些竞争对手？他们的实力与特点是什么？在哪些方面对我们形成较大的压力与威胁？

（4）**企业自身方面**。这是指企业现行的营销策略、促销措施的市场效果如何。要是缺乏市场效果，或者效果虽好却引起不良反响的，就需要作适时的调整。

3. 市场调查研究任务有哪些?

市场调查研究任务可以概括如下：

（1）采用笔答或电话的方式，向消费者询问他们是否会使用你的产品或服务。

（2）对潜在的消费者作一次更深层次的调查，看看他们对你的产品喜欢什么，不喜欢什么。

（3）从贸易协会获得有关该行业的资料。

（4）出席商品展示会，以了解潜在消费者的消费心态及对手的情况。

（5）将以往年度载有关于你的产品或服务的报道的杂志和报纸，分类收集、整理成数据库。

（6）收集有关竞争者的信息。

（7）推出产品的样品，测试消费者的反应。

4. 市场调研应有哪些程序?

如何搞市场调研，不同规模的企业、不同的经营要求，可以有不同的具体做法，可繁也可简。但是就其共性特征来讲，应包括以下几个阶段：

（1）准备阶段

1）确定调查的问题。

企业在经营活动过程中会面临各种问题，需要通过市场调查去了解。但是如果问题太大，则往往难以入手。所以应该把大目标分解成若干小问题，落实为本次调研活动的具体任务，即需要去了解的具体问题。例如，近期企业的销售出现下降趋势，究竟是产品与服务本身不好，还是出现了强有力的竞争者，或者是消费者的兴趣发生了转移？在这里就存在着3个可供调查的问题。问题明确了、具体了，调查就有了方向，便于入手。

2）确定信息的来源。

这是考虑从何处去获取这些必要的信息资料，如宏观经济形势、行业动态、政策法规等信息数据。可通过出版物、政府机构、行业协会、咨询公司等去查阅、咨询、购买，这称为案头调查。如具体的顾客需求、竞争状况、店誉影响等，必须直接向调查对象去询问、观察，这称为实地调查。根据需要，两种方法经常是结合使用的。

3）制定调查方案。

对于要做的市场调查活动，应预先有一个怎样去做的计划安排。这个方案应包括：

调查的范围 —— 在多大的区域内开展活动。

调查的对象 —— 去问哪些人，去看什么情况。

调查的时间、地点 —— 能便于接触对象和了解情况。

调查的方法 —— 采用专门询问、随意聊聊、一旁观察。

调查提纲 —— 虽然不一定是拿着本本去作问答，但要把想了解的问题有条理地反映出来。

（2）实施阶段

如果是专项调研活动，可由经营者及助手按计划去展开。如果是非专项调研活动，则可以在日常工作与生活中时时、处处地留意观察、询问。无论是专项或非专项活动，都要对搜集得来的资料、数据做好记录、汇总，养成习惯并形成制度。

如果缺少市场经验，也可以求助于专门的调研机构。至于发问卷、请专家和业内人士提供意见，以及到统计部门索取统计资料，到行业协会去了解商情甚至作抽样调查等经典的市场调查方法并不是不好，只是微小型企业没有这个财力也没有这个必要去这样做。我们建议创业者，除了利用电脑网络之外，最有效的办法还是花上一两个月的时间去做“跑腿调查”。掌握最直接、最客观的第一手资料。

再说一遍，通过创业者亲自做“跑腿调查”，会发现许多意外的信息、意外的机遇，足以让你的辛苦得到丰厚的回报。

（3）处理阶段

要对大量的、杂乱的资料进行整理、汇总与统计，以便于对反映出来的情况作出有效的分析与研究。

从某种意义上讲，对资料的分析要比搜集更重要、更关键。调研水平的高低，往往不是反映在搜集数量的多少上，而是在于分析程度的深浅。分析应是客观的，要排除个人偏见，有时可以请未参与经营的第三人一起来分析，甚至换一个位置 —— 站在否定面上来分析。分析时要结合过去与现状作对照，由点到面、由静态到动态，从中找出其本质与规律，然后作出相应的预测，确保分析的结论是正确的。

分析与研究

 5. 实地调研须注意哪些问题?

（1）询问的对象要有足够的数量与代表性。要重视调查竞争对手的客户，这是很有益处的。

（2）调查时不要总拣好的听，要多搜集些不利于自己的情况与信息，要尽量发现问题，预见困难。

（3）调查活动更多的是结合日常工作与生活进行的，要时时、处处做个有心人，多观察、多询问、多思考。市场调查应是一项经常性的活动。

6. 编写市场调研报告的基本原则是什么?

写一份市场调研报告对成功创业是很有必要的。总结调研活动，整理思路，作为可行性分析的重要依据。一份好的调研报告必须做到：

（1）反映的情况是真实的、完整的。

（2）所作的分析是客观的、科学的。

（3）得出的结论是明晰的、确定的。

即使在未来的预测上存在着几种可能，每种可能也要求有一定的确定性。比如，要是具备什么条件，那就会出现什么结果。

7. 调研报告应包括哪几项主要内容?

调研后获得的信息很多，调研报告可将调查信息整理成以下几个方面：

（1）**调查目的**。概要介绍企业基本情况与目前经营状况及存在的主要问题。现在打算就哪些具体问题作市场调研，需要了解哪些方面的信息。

（2）**调查范围**。根据企业的市场区域，在多大范围内开展调查活动。本次调查的对象是谁？在什么时间、什么地点进行调查。

（3）**调查方法**。按调查数量，采用的是全面调查、重点调查、典型调查、抽样调查中的哪一种？按接触方式，采用的是询问法、观察法、实验法中的哪一种？在数据处理上采用哪种统计方法？

（4）**调查内容**。这是报告的主要内容，可分为3个部分：

资料——搜集到的各种情况与相关数据，并作适当的汇总、分类、比较。

分析——将听课资料与其他相关资料结合起来，作出全面的、动态的、系统的科学分析。

结论——得出对现状的判断及对未来时期的预测。市场调研的任务是认识今天、发现趋势、把握明天。明天具有很大的不确定性，要通过认真的研究和科学的分析，使之具有一定的可确定性，这应是报告阐述的重头戏。

（5）**提出建议**。把经过整理、分析、判断而形成的初步构想写成备选方案，这也就是下一步经营计划的雏形。对于仍未能解决的问题和出现的新问题，可提出作为下一次调研活动的工作课题。

（6）**后页附录**。对报告内容中提及的重要资料与数据（以数字记号标出），在此分别说明其出处及计算方法，以证明其可靠性与准确性。

另外，还须有文前的标题与文后的报告者、报告签署日期。

八、营销策略

1. 市场营销的内容是什么?

产品（Product）、价格（Price）、地点（Place）、促销（Promotion）这4个方面构成了市场营销的整个内容。这4个词的第一个字母都是P，所以常把市场营销的4个方面简称为“4P”。企业必须组合运用“4P”来保持企业的市场优势。在企业对市场需求一时还不清楚的时候，就不可能确定生产什么产品或提供什么服务，这时研究市场需求，确定产品、服务内容就是企业的当务之急。如果产品、服务非常适销但竞争激烈，那么如何定价才能抓住销售旺季的机遇获得竞争优势，就要全力去做促销工作。又如果因为产品、服务已经形成成熟的市场，竞争者将蜂拥而来，这时候企业就要领先一步去研究市场现状与潜在需求而发展新技术，开发新产品。在产品、服务尚处于成熟期而未衰退时就为占领市场在准备新产品、服务以维持企业的竞争优势。

企业只做很适销的产品，且以顾客乐于接受的价格，让顾客方便地购买产品或服务，并以别出心裁、计划周到的推销技术来吸引顾客，加快产品或服务的周转来获取利润。

 2. 如何理解整体产品的概念?

产品是你计划向顾客销售的东西，如果你的企业是服务型企业，你的服务就是你的产品。消费者希望购买整体产品。整体产品的概念包括了与产品和服务有关的其他属性，如品质、特色、外形设计、包装、商标、咨询、安装、服务、保证和承诺、信贷、供应配件和送货上门。

 3. 制定价格有哪几个步骤?

（1）**选择定价目标**——它主要包括：维持生存目标、当期最大化目标、市场占有率领先目标、产品质量领先目标、企业形象上佳目标等。

（2）**确定市场需求**——每种价格都将导致一个不同水平的需求。正常情况下，价格越高，需求越低；而价格越低，需求越高。

（3）**确定产品成本**——产品成本可分为固定成本和变动成本两部分。固定成本是指不随生产和销售收入的变化而改变的成本，它与产量无关。变动成本随着生产数量的变化而变化，产量越大，变动成本越大；反之，产量越小，变动成本也越小。产品价格在高于产品成本时才可能获利。

(4) 分析竞争对手的产品成本、价格——竞争的存在，使得行业利润趋于平均利润率水平，了解了竞争对手，就可以与竞争对手比质比价，适时作出价格调整。

(5) **选择定价方法**——定价方法有成本导向法、需求导向法和竞争导向法。

(6) **选定最终价格**——要考虑附加心理因素和其他因素，高档商品整数定价和小商品非整数定价的心理因素；其他因素有供应商的看法、推销人的感觉、分销商的态度、政府是否会干预、竞争对手的反应、品牌质量的高低与竞争对手广告宣传攻势的强弱。

4. 提价的方法有哪些?

(1) 压缩产品分量而非涨价。

(2) 便宜材料或配方。

(3) 减少或改变产品的特点。

(4) 取消价格折扣。

(5) 限量供应产品。

(6) 削减或取消低利产品。

(7) 选更低廉的包装材料。

(8) 改变或减少服务项目。

(9) 缩小产品的尺寸、规格或型号。

(10) 创造新的品牌。

5. 怎样把产品尽快卖出去?

要吸引顾客购买你的产品，通常有3种方法：

(1) **广告**——向你的顾客提供信息，让他们有兴趣购买你的产品。可以通过报纸或广播做广告。招贴画、小册子、价格表和名片也是做广告的方式。

(2) **宣传**——在地方报纸或杂志上刊登介绍你的新企业的文章。

(3) **销售促销**——用引人注目的摆设、表演展示、竞赛活动、样品，或搭配好相关产品一起卖。

记住：要节省促销费用需向专业人员进行咨询。要了解竞争对手使用的促销方法。你的促销方式要有所创新。

6. 广告制作应遵循哪些原则?

广告制作通常要遵循以下原则：

(1) **注意**——广告首先要引起人们注意，这是广告表现的基本作用。至于如何引起人们注意，可采取各种办法，如用标题、动听的音乐、惊人的报道等。

(2) **兴趣**——就是说广告表现必须使人产生兴趣。这需要了解消费者的心理。只有感兴趣，人们才会购买。

(3) **欲望**——这是指通过广告宣传，使购买者产生购买欲望。

(4) 记忆——这是指广告表现能给人们留下深刻的印象和记忆。印象很浅，看（听）完就完了，达不到宣传的目的。

(5) 行动——指通过宣传，使消费者产生购买行动，这是广告宣传的最终目的。

7. 推销有哪几种方法？

(1) 感情推销法——先跟顾客进行感情交流，缩短与顾客的心理距离。

(2) 演示推销法——边演示，边辅以语言暗示，先入为主地把顾客引向对产品有利的一面。

(3) 价格推销法——用小数报价，用最小的单位报价，跟同类产品比较，让顾客感到物有所值。

(4) 数量推销法——以大包装、整套、一个疗程、一个出库单位报量。

8. 怎样预测你的销售额？

企业大部分重大决策来自于销售预测。它决定了你要用多少员工，使用什么设备，厂房规模有多大，需要多少现金。销售预测对于新手来说是一个大问题，大多数人往往过高地估计自己的销售额。因此，预测销售时不要太乐观。销售预测有 5 种基本方法：

（1）**你的经验**—— 你可能在同类企业工作过，甚至和企业的竞争者一同工作过。凭你的经验来预测你的销售。

（2）**与同类企业进行对比** —— 将你的企业规模与竞争对手进行比较。基于他们的水平来预测你的销售额。

（3）**实地测试** —— 小量试销你的产品或服务，看看你能销出多少。

（4）**预订单或购买意向书** —— 是指你的企业近期收到的来函，要求你提供产品或服务。记住这些必须是书面购买意向书，不能信赖口头协议。

（5）**进行调查** —— 抽样调查你的潜在客户，听听他们怎么说的。你所得到的回答不得少于 30 个。

做好调查不容易，你可先以亲戚、朋友为对象进行初测。请注意面对面调查有个小

问题：大部分人不愿意伤害调查者的感情，常常给出一个好的答案，而不是一个真实的回答。所以，你需要保持一个清醒的头脑来评价人们的真正意思，弄清他们可能的行为，并相应地调整自己的预测。

总之，创办企业充满了许多不确定性，所以对于许多人来说，最好的办法就是先从一个小规模做起，可能是利用业余时间，可能是先和其他人一起制造产品或服务。一旦你获得了一点经验，那么预测销售就容易多了，而且你对企业的有效运营就会产生更大的信心。

销售预测这项工作从创业起始到企业终止，始终如影随形。扎实的销售预测能对经营决策做出重要的贡献。

九、业主素质

1. 创业者为什么要增长知识和智慧？

知识就是力量，智慧就是财富。

（1）知识与智慧是当代创业者横空出世的翅膀。

（2）礼仪常识的掌握，会使创业者温文尔雅，魅力无穷。

（3）公关技能的把握，会使创业者柳暗花明，处处得意。

（4）谈判技巧的自如，会使创业者气度高贵，谈笑风生。

(5) 国际规则知识的具备，会使创业者走向国际大舞台，春风得意，一展雄才。

(6) 个性形象设计知识的掌握，会使创业者充满自信，独步天下。

(7) 法律利剑的常磨，会使创业者依法经营，减少烦恼，走向成功，获得辉煌。

2. 创业者如何塑造个人魅力?

新创组织的业主是小企业的领头人物，他内在的智慧、气质和外在的形象在日常创业和生活中无不表现出个人的独特风采。个人魅力是创业者施加影响力的有力帮手，培养个人魅力可以从以下几个方面入手：

(1) **说话的艺术**——说话是创业者直接与公众交往的主要形式，把说话艺术发挥到恰到好处，便是展现个人才华和风采，树立公众形象的第一步。

(2) **倾听的艺术**——倾听是一个创业者树立个人形象的又一重要因素，好的业主不光是能说，会听也是一个重要的技巧。

（3）**谈判的艺术**——对奔波于商战中的创业者来说，商务谈判是一场高智商的较量。诸多方法中，以软化硬、以柔克刚的柔术谈判手法是十分有效的。

（4）**包装的艺术**——适当的外在包装还是很有必要的，更是展示小企业或个人风度的需要。如在办公室环境上应保持光线充足、明亮而不刺眼，空气流畅、清新；在仪容上要做到整洁、体面和大方；在行为举止上体现着个人的文明、修养程度，同时也是企业视觉效应的重要组成部分等。

3. 名片对于小业主是否有用?

名片是个人之间在交往时的介绍卡，主要向对方介绍姓名、身份、职务，有的还介绍公司的税号、账号、电话、电传等业务信息。有些名片通过不同的设计、美工等手段表明主人的爱好、取向等。

在当代人的交往中，名片是不可或缺的名字的派生物。名片具有介绍、沟通、留存纪念等多种功能。

对商业人士来说，名片是敲开商务活动大门的敲门砖。名片的交换为双方的结识和往后的业务活动迈出了第一步。

名片分交际名片和商务名片。交际名片要求有精美的设计，商务名片也要有讲究，但不必过分情调化、美术化。

名片除设计要讲究外，印刷也要讲究，低劣的名片可能影响主人的身份。

交换名片也很有讲究。派送名片要讲礼貌，一是给对方名片时要双手递上，应加说一句“请多关照”之类的寒暄话；二是接到对方名片时要目视一下，如读出声来更表示尊敬；三是双方互递名片要右手送，左手接。

名片上的身份、头衔必须实事求是，不能乱印什么“董事长”“董事”之类的职务。

十、合作伙伴

1. 一个人创业好还是几个人创业好?

人们常说“一个好汉三个帮，一个篱笆三个桩”。说的是一个人要创业成功必须要有人帮，有一个或几个好搭档，你成功的把握就会增大。三国时的刘备，如果没有诸葛亮辅佐他能三分天下有其一吗？刘备懂得这个道理，所以要三顾茅庐请诸葛亮出山。我们搞创业，如果能有“诸葛亮”“关羽”“张飞”和你抱成一团，哪还有不胜之理？

问题还得说回来，并不是说一个人创业

绝对不行，几个人在一起创业，需要有很好的沟通和协调。如果你缺少沟通和协调的本领，那还是先单干好。

2. 你可以从合作伙伴那里得到什么？

创业合作伙伴的选择，对企业发展前途至关重要。合作伙伴包括合伙人及其他配合你经营的人员，比如投资伙伴、经营伙伴、技术伙伴等。你必须判断出是否真正需要一个合作伙伴。需要合伙人投入资金呢，还是寻找一种专门的技术或一系列技术，像安装生产线的经验，你是需要从那个合伙人那里得到这种技术，还是从雇用的其他人那里得到同样的技术？你是否需要合伙人帮助你摆脱孤独和公司刚开张的不稳定性？如果需要一个合伙人（他或她）在财务上的帮助或帮你摆脱孤独，那是没错的。重要的是，你必须来判断你的需要，然后再决定这个合伙人能否满足你的那些需要。

3. 选择创业合作伙伴应注意些什么?

选好伙伴，成功一半。所以，你要慎重选择合作伙伴。在我国现阶段有 4 种合伙形式：亲戚内合伙、家族内合伙、朋友间合伙、同事间合伙。这 4 种合伙形式占统治形式，是与当前我国经济发展水平相吻合的。

选择合伙人时要谨慎。你要选择能帮助你实现经营目标的人作为搭档，而且要双向选择。

你要对你未来的合伙人很了解，最好你们以前曾在一起工作过，彼此了解各自的长处和短处。仅仅是社交中的朋友是不够的。如果你想和朋友合伙，要尽可能地向和他工作

过的人询问，甚至是采取开座谈会的形式，了解他全面的情况。这种方法同样适合于亲戚。你可能认为你很了解你的姐夫（或妹夫），但在一起做生意时，他或许很快就会暴露出个人的或管理上的弱点。任何潜在的合伙人都有优点和缺点。事先一定要判断清楚其是否优点大于缺点。在你选择伙伴时要把握住3点：

一是可信。就是说合作伙伴必须是一个叫人“信得过”的诚实正直的人，而不能是一个“骗子”。

二是可服。就是说合作伙伴必须具备较高的合作能力，具备过硬的创业素质，或者拥有充足的技术条件和资金实力，能够叫你认可、佩服。

三是可用。就是说你所选择的合作伙伴要与你配合默契，成为再好不过的“亲密搭档”。也就是说，要选择好非用不可的人。当然，还要签订合伙协议，以便界定好双方的权利义务关系。总之，重承诺、守信用的人，志相同、道相合的人，有一技之长能补己之短的人，有德亦有才的人，可以成为一个好的合作伙伴。

只说不做的人，眼高手低的人，只抓芝

麻不抱西瓜的人，人前人话、鬼前鬼话的人千万不要做你的搭档，不管是亲戚还是朋友，一定要请他们走开，绝不能讲情面。

4．合伙人怎样分配股权？

不要因为有三个合伙人，就把公司分为每人三分之一。如果合伙人之一在公司开张之时，已经为公司签订了一份合同或取得了一定的销售额，那将会给公司带来现金，这个人则要获得公司大部分的股份。或者从开始到后来公司壮大，只有一个人是全日制的，另外两个都是兼职的，则全日制的合伙人应该获得公司较多的股份，因为他（她）在签订合同时要比兼职人员承担更大的风险。

5．必须与合伙人签订合伙书面协议吗？

要管理好一个合伙制企业，合伙人之间的交流一定要透明和诚恳。合伙人之间意见不一致往往导致企业失败。为了避免合伙经营过程中出现管理扯皮和利润分成上的纠纷，在签订“合伙协议书”时应明确规定以下几个方面的条款：

（1）确认每个合伙人的管理权限和范围。

（2）确认合伙的期限。不允许某个合伙人提前脱离合伙制，如果发生这种情况，该如何处理，也应明确规定。

（3）确认每个合伙人的投资额，所占股

份的比例。

（4）确认怎样分配利润。

（5）确认吸引新的合伙者的办法。

（6）确认每个合伙者的责任及不负责任造成的后果该如何处理等。

十一、雇员管理

1. 招聘合适的员工应考虑哪些问题？

招聘是最具冒险性的工作。不管你聘用了哪个员工，都有可能成为你的好帮手，也有可能构成一种威胁，但你不得不承担这种风险。对一个微型企业来说，由于工作多，一般一人要兼多职，一个人要扮演多个角色，因此要招“通才”，不要招“专才”。要找“合适”的人员，并非“优秀”人才。招聘前你要考虑：

（1）参照你的企业构思，把要做的工作列出来。

（2）明确哪些工作你自己做不了。

（3）雇员工来做这些工作，所需技能和其他要求要详细说明。

（4）决定完成每项工作的人数。

（5）要向员工支付的工资。

2. 怎样做好招聘工作?

招聘员工时，应注意以下几点：

（1）**你要亲自参与。**尽管具体工作可以委托人事干部去经办，但像面试环节一定要亲自参加。

（2）**搞好面试。**一个人的志向、胸怀、口才、反应能力等诸多方面都可以通过面试得到较为可靠的信息。面试时要充分准备，列好提问提纲，要注意听回答，对招聘人员自由发挥的部分更要注意倾听、分析，把面试设计成双向交流的过程。

（3）**正确对待简历。**简历与能力并非相关，简历只能了解应聘者的基本情况，为是否需要安排面试提供参考，凭简历录用员工的做法是不可取的。

（4）**工作经历最重要。**对于在实际工作中工作几年的应聘者，工作经历远比学历重要。应聘者以前所在的工作环境和曾经从事过的工作最能反映他的需求特征和能力特征。应聘者的工作经历还可反映出他的价值观和价值取向，这些远比学历反映的信息重要。

（5）**不要忽视应聘者的个人特征。**对岗位技能合格的应聘者要注意其个性特征。个性特征与承担相应的职位有很大关联。而个性特征作为个人性格的一部分是很难改变的。如果一个人的技能与应聘职务相符合，但其个性特征不能满足职业要求，他就很难成为这个岗位的一名出色员工。

3．应当招聘与培训哪些方面的人员？

对于一个创业的老板来说，要用好自己的雇员，就要发挥员工的作用，把不同类型的人放到能发挥他能力的岗位。同时要注意招聘和培养以下员工：

（1）**表达能力强的人**。这种人具有艺术创新表现的才能，善于开发内在知识和身体资源，令人赞赏。这类人在公关、推销、广告宣传等方面可大展身手。

（2）**沟通协调能力强的人**。这种人善于观察人的心理活动，对人表示出善意，擅长处理人际关系中的各种问题，乐于为他人服务。这类人在企业内部管理，尤其是在人事劳动管理等方面大有作为。

（3）**处理事务能力强的人**。这种人一般都有一定的专门技术，又热心于干实事，工作作风非常踏实。这类人在后勤支援、机器设备维修、解决货源困难等方面能大显身手。

（4）**应用科学能力强的人**。这些人物理、工程、技术、数学等学科功底很好，善于钻研现实中遇到的问题。他们很重视理论与实际结合，这类人在企业生产技术管理、产品质量管理等领域会有特殊的贡献。

（5）**贡献能力强的人**。这些人头脑清醒，办事能分清主次，又有多方面的知识，思维敏捷。这类人在企业内各领导岗位上都能发挥明显的才能。

（6）**体能较强的人**。这些人爱运动，不怕吃苦，干事时精力充沛，有“突击队员”“敢死队员”的精神风貌。这类人在完成野外操作、长年外出工作、突击性任务方面会有突出表现。

（7）**有较强影响力、说服力的人**。这些人由于个人性格特征的原因，能言善辩，广结朋友，对各种不同的人都能团结。这类人在公关、促销、市场调研、团体活动中能担任重要的角色。

4. 怎样留住优秀人才？

人才流动是大趋势，总体上对国家、对企业、对个人都有利，但过度流动，培养一个走一个，企业变成培训中心，那也绝不是好事。留住人才，这对老板来说，不能不加以重

视，要积极采取以下措施：

（1）**防止“突然离职”**。发生这种情况，原因多数是管理不善，对员工的关心不够。忽视了从细微处去关心员工，可能是一句话刺激了对方，一件事伤了对方的自尊心，一个问题解决得不完善而使员工尴尬。发生了这些小事，老板又没注意，员工心里却放不下，日子一长，产生了离心倾向，于是下定决心非走不可。

（2）**防止“大材小用”**。一个员工能否安心在企业干下去有很多因素，不同的人情况也不一样，但应该看到在满足了生存需求之后，满足尊重的需求是至关重要的。有些员工，特别是认知层的，往往很重视才能的发挥，如果能发挥才能，一身轻快；如果不能发挥才能就浑身不自在，进而产生离去的念头。一个好的老板应当多分配一些挑战性的工作给员工，根据心理学研究，经过努力方能达到的目标最能激发员工的热情。

(3) 防止“积聚对上司的不满情绪”。老板与员工、上司与下级难免有矛盾，这些矛盾可来源于价值观方面的，可来源于工作作风方面的，还可来源于方式方法方面的。有了矛盾要化解，化解的“良药”是沟通。一个老板如果始终能把心灵的窗户打开，那么就能化解周围种种冲突矛盾产生的不满情绪，使员工安心在本单位服务。

(4) 防止“小庙请来大和尚”。小企业也应该有能人、有高人、有优秀人才，然而如果请来了一个大大的能人，一个高不可攀的高人，也就是小庙请来一个大和尚，那就留不住人。所以，企业引进人才一定要从实际出发，“高”也好，“能”也好，“优秀”也好，都要能装得进你那筐筐，否则就把筐撑破了，鱼儿也逃走了。

(5) 防止“那山要比这山高”。这种想法多数产生于工作不久的青年员工的头脑，他们悬念少，认识片面，容易产生这种情况。对青年员工，特别是比较拔尖的员工，应加强这方面的教育，使之端正态度、稳定情绪，一旦过了一个年龄段，他们自然会成熟起来，会安心地工作。

留住人才

(6) 防止“挖墙脚”。一些竞争企业看到你有了能人、优秀人才，他们就用高薪引诱，一些员工经不起高薪的诱惑离你而去。遇到这种情况一般不能用加薪的办法来挽留，而要提前采取措施，如采用有服务期合同。公司出钱发明的专利由公司申报，制定“商业秘密”守则，做到“水流沙不流”，就是说人才可以流动，员工在任职期间创造的成果，一件也不能带走，以此保护被人“挖墙脚”。

5. 奖励员工的准则是什么？

为了激励员工，创业者要掌握以下奖励准则：

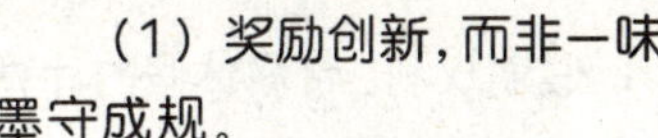

（1）奖励创新，而非一味墨守成规。

（2）奖励处事果断，而非犹豫不决。

（3）奖励工作有成果，而非忙忙碌碌。

（4）奖励那些提出和解决具体问题的人。

（5）奖励敢冒风险者，而非胆小怕事者。

（6）奖励精简，而非无所谓的复杂化。

（7）奖励多做少说，而非多说少做。

（8）奖励品质，而非速度。

（9）奖励忠诚，而非跳槽。

记住：不论你采取什么方式奖励员工，为了调动员工积极性，首先要做的是对员工先加以肯定和表扬，因为肯定和表扬是不需要成本的，而效用却非常大，员工有了成绩就大张旗鼓地公开肯定，使受奖者感到非常美好。员工有了积极性，企业就会有发展。

6. 雇用合同条款应该包括哪些事项?

（1）雇主和雇员的姓名。

（2）雇用何时开始。

（3）合同终结日期，如果雇用活动只持续一段固定时间的话。

（4）工作职称。

（5）薪水如何计算，付薪水准和付薪周期（按照小时数、周数或者月份数来计算）。

（6）正常工作小时数以及超时加班的要求。

（7）假期权利，带薪休假的计算方法，公共假日。

（8）病假和工伤缺勤制度。

（9）带薪病假的计算方法。

（10）辞退、辞职通知的给出和需要提前多久给出。

（11）纪律规定。

（12）如果员工对某项纪律规定不满的话，应该向谁申诉。

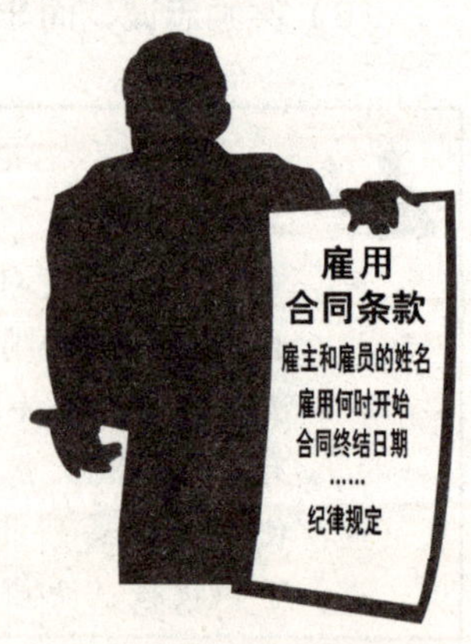

十二、客户关系

1. 怎样善待顾客？

(1) 展示“微笑”的魅力。

(2) 以“诚”为本，做到“诚招天下客”。

(3) 懂得尊重顾客。

(4) 对待所有顾客都要做到一视同仁，不论身份贵贱、职位高低，都要坚持相同的招待方法，做到“不二价”。

(5) 对于上门的顾客采取“主动相迎”的态度。

(6) 真正做到物美价廉，对于商品的质量和价格，不能仅从商家的利益着想，还要站在顾客的角度和立场上去思考问题，洞悉顾客追求物美价廉的普遍心理。

(7) “逛客”也是上帝，不能怠慢。

(8) 要满足顾客退货的合理要求。

(9) 买卖不成仁义在。

(10) 正确对待投诉顾客。

2. 如何使顾客成为“回头客”？

留住老顾客是开店做生意的精髓。善待每一位进门的消费者，让他们成为“回头客”。建议做到以下几点：

（1）**勤于动脑**。根据流行趋势，不断开设新的服务方式方法。

（2）**热情接待**。观察顾客的举动，满足顾客的需求，使顾客有一种宾至如归的感觉。

（3）**注意形象**。勤于打理自己的造型，保持店面清洁。

（4）**服务及时**。当顾客需要你的时候，你的脚步要快，不可慢慢腾腾。

3. 怎样与经销商打交道?

在有些小企业与用户之间，需要经销商起纽带的作用。在与经销商打交道的时候，企业要注意以下几点：

(1) 企业要向经销商提供货真价实的产品。

(2) 详细介绍企业的生产运行情况、财务状况、产品质量和性能及企业产品的更新计划，以使经销商对企业的产品增强信心。

(3) 企业要对经销商进行技术培训。

(4) 当经销人员遇到与产品有关的技术问题时，企业要派专人到商店服务。

(5) 邀请经销商参加公司的公关活动，与企业进行交流，协调经营策略。

(6) 分担经销商的广告费用。广告是宣传企业产品的直接手段，但是它的费用一般都很高。企业经常和经销商共同承担费用。

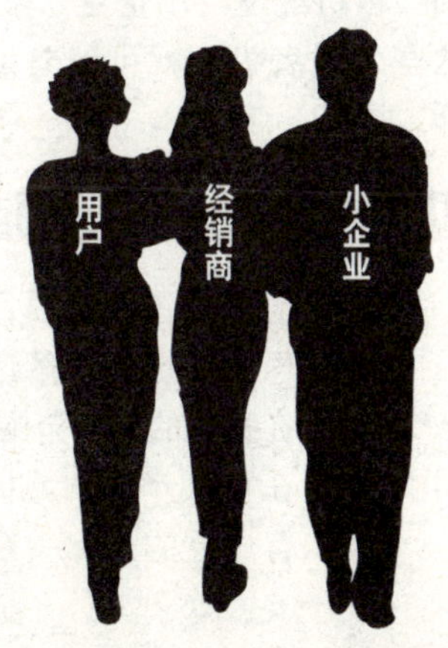

十三、企业顾问

1. 什么时候需要挑选一个咨询师或顾问?

在生命中的某些时候，几乎每一个人都需要在哭泣时有一个肩膀可以依靠。在这种时候，一位朋友、姐妹、姐夫（妹夫），或者其他亲戚都会起到无法估量的作用。创业初期由于市场的某些不确定性，你会碰到一些你意想不到的事情，这个时候你借助一些人的力量帮助你找到问题症结，并且可以在给予你技术性帮助和提供建议的同时也让你的思想变得更加敏锐，如会计师、律师、银行经理、小企业专家或一些咨询公司，这些人或者机构就可以成为你的企业的咨询师或顾问。

2. 如何挑选企业的咨询师或顾问?

（1）他们应该对该项目有兴趣。

（2）思维敏捷、理解迅速。

（3）在宽广的商业范围内有丰富的知识。

（4）在私人产业领域拥有管理经验。

（5）有广泛的人际关系。

3. 如何有效地借助顾问帮助企业发展?

咨询顾问中的佼佼者通常都是很忙碌的，所以他们会倾向于就你所提出的问题给出口头答复，而不是撰写一份报告交给你。你要时刻准备好记事本，并且快速记下咨询顾问所提出的观点，以及他们可能向你提供的人名和电话号码。如果你并不认为一项建议是正确的，而且没有清楚地理解顾问为什么提出这项建议，那么就不要囫囵吞枣地采纳任何建议。注意，没有一位咨询顾问可以替你运营企业，你应该聆听所有的建议，但是作出决定和承担责任的人还是你。

4. 如何与企业顾问进行沟通?

一个称职的企业顾问会扮演引路人、哲学家和朋友的角色，他们会帮助你建立你的企业，精心规划你的未来发展。因此，你自始至终都需要倡导一种开放式的和相互信任的氛围。一般来说，你应保守一些你的秘密，但是，如果你把极其重要的信息隐瞒起来的话，咨询顾问就无法完成他们的工作。如果你遮遮掩掩、躲躲闪闪，或者你没有做到你曾答应的事情，他们就会失去兴趣，并且把他们的宝贵时间用在其他回报更高的客户身上。

十四、创业风险

1. 如何认识小企业创业风险?

每个企业都是在风险中经营的，小企业也不会例外。小企业虽然“船小好掉头”，但它由于“本小根基浅”“小家小业”，故只能“顺水”，不能“逆水”，不能控制大的风险。风险对小企业造成的经济损失是极大的。所以相对而言，风险对小企业来说远远超过大企业。小企业容易出现的创业风险有：

(1) 业主过分注意产品的研制、生产而忽视了事关企业长远发展的问题，如企业产权的明晰、管理体制的规范等。

(2) 对市场的潜在需求研究不透彻。

(3) 对市场的变化趋势没有预见性。

(4) 对宏观行业形势的估计过于乐观。

(5) 经营者缺乏全面管理的能力。

(6) 没有建立必要的财务账目。

(7) 设备和技术选择不当。

(8) 低估所需资金，忽视税务。

总之，商场如战场，小企业应多了解在经营中可能遇到的风险，以求未雨绸缪，防患于未然。

2. 如何防范现金风险?

现金是企业的血液，从日常经营活动看，只有提供足够的现金，企业才能正常运转。没有充足的现金，将给企业带来严重后果，影响企业的盈利能力和偿债能力。因而降低了企业在市场竞争中的信用等级，最终使企业资金周转不灵，甚至资不抵债，走向破产。

这种风险主要表现为过分注重利润和销售的增长，而忽视了手中掌握的现金。损益表上利润的期末余额巨大，但实际上企业现金表中的期末数额却小到几乎为零甚至是负数。经营者认为，账面上的利润就是现金，事实上这是一种误解。因为赊销虽然也计入收益，但销售时并没有收到现金。这种误解往往使企业的现金状况发生假象，经营者因而在企业扩张或新项目上马时忽视了对现金供需的平衡核算。

每月应该编制现金预算表，计算出未来现金收入和支出情况，一旦出现现金赤字现象，应及时作出调整。

3. 如何防范授权风险?

许多成功的小企业，在达到一定的规模后，业主或经理发现由他一个人唱“独角戏”管理企业全部业务的局面难以为继。由于受到一定的时间、空间和生理条件的限制，管理人员不可能事事过问，而通过授权，把一些工作交给别人做，使管理人员从日常事务中摆脱出来，既能控制局面，又能增进下属的积极性和才干。

授权风险的主要表现有：授权者存在心理障碍，认为“只有我才能干好”，不能授权别人分担沉重的责任和繁杂的决策事务；缺乏选拔和指导别人的能力；对下级缺乏信任感；不能做到正确授权；当公司业务发展时，业主或经理用于经营管理企业的时间并没有增加，授权者感到力不从心，因此公司发展受到制约。

正确的授权十分必要，但授权不等于弃权，授权还需要监督。授权时要先确定合适的人选，然后分派任务、授予权力、明确责任、确立监控权、及时进行监督检查，并根据检查结果，调整所授权力或收回权力。

4. 如何防范筹资风险?

当企业经营达到一定阶段，原业主已无力继续提供所需资金，尤其是发展迅速的增长型企业，往往会面临资金不足的筹资风险。它们便会从各种渠道筹措资金，例如，发起人增股；向公众招股或寻求无担保贷款；请金融机构认股或给予定期贷款；从租赁公司租赁设备等。问题在于每种获得资金的途径都是各有利弊。经营者要善于扬长避短，为我所用，否则会陷入困境。

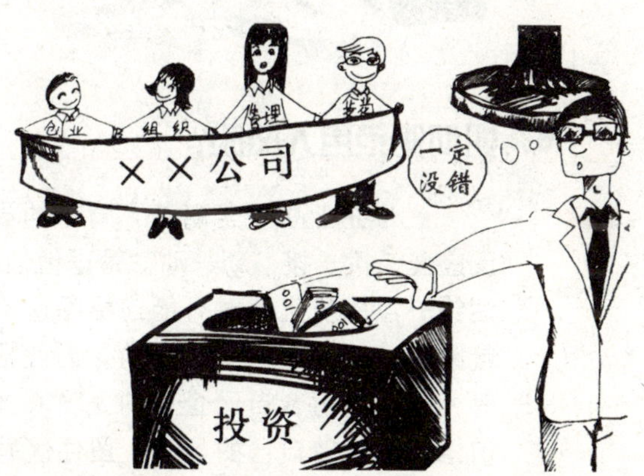

5. 如何防范成就风险?

有些小企业在度过了一段好时光后开始自满，过分自信，急于求成，但没有做好发展的准备；或者放弃了过去获得成绩的踏实作风，把精力和时间放在投机或其他事务上。许多事实证明，这些对发展前景充满希望的企业经营者被胜利冲昏了头脑，骄傲自满，结

果还是被成就风险所压垮。

发展是硬道理，因此创业者谋求发展，就不能只注重个人享受，满足于眼前成就，而应密切注视市场占有率和利润的变化；注意新的竞争形势、技术变革、原材料替代、新产品和消费者爱好的变化趋势。

6．如何防范用人风险？

在小企业中吃苦耐劳、肯干的员工可能反应慢，拨一拨，动一动，管理他们很费神。活络一点的员工有时可能连招呼也不打转眼就跳槽，使创业者十分被动。因此招聘员工时，要挑选适合自己企业的人员，加强上岗前培训，善待自己的员工，留住优秀人才。

十五、创业计划

1. 制定创业（开业）计划有什么作用?

制定计划可以使创业者在撰写过程中发现和补充不曾考虑的问题；制定创业计划的整个过程也是创业者的一个开业模拟实验，使创业者经历一次纸面上的创业活动，从而避免损失或增强创业信心。创业计划更是谋求贷款和其他支持的书面陈述。

你会发现许多问题并为解决问题设计方案。切实可行的计划不仅能增强创业者的信心，也能赢得融资人的信任。努力做好计划有百利而无一害。不要和那些不做计划也敢创业的人去比，制定创业计划会为你赢得竞争优势。对于懒得为自己作创业计划的人，有什么理由去肯定他确有艰苦创业的决心而不是出于也许会成功的侥幸心理呢？

一份经过调查研究、反复推敲且目标明

确、步骤清楚的创业计划，是创业者创业实践中用以检验成败的标尺，也是应对环境变化、调整创业节奏的基础。

2. 创业计划应包括哪些内容?

一份创业计划应该包括如下内容：

（1）**创业者本人情况介绍**（工作经验、学历和受过的专业培训、个人及家庭生活费用预算）。

（2）**企业概况**（企业法律形态、组织结构、投资方式和额度、产品、服务与经营范围、员工、地址、电话）。

（3）**市场分析**（目标顾客情况、市场容量和发展趋势、竞争对手的优势分析）。

（4）**市场营销计划**（产品、服务、定价、渠道、促销）。

（5）**企业财务计划**（固定资产、变动成本、销售利润预测、盈亏平衡分析、现金流量分析）。

（6）**开业实施计划**（开业许可和营业执照申办手续与流程、开业资金支配、工作进展的限时计划）。

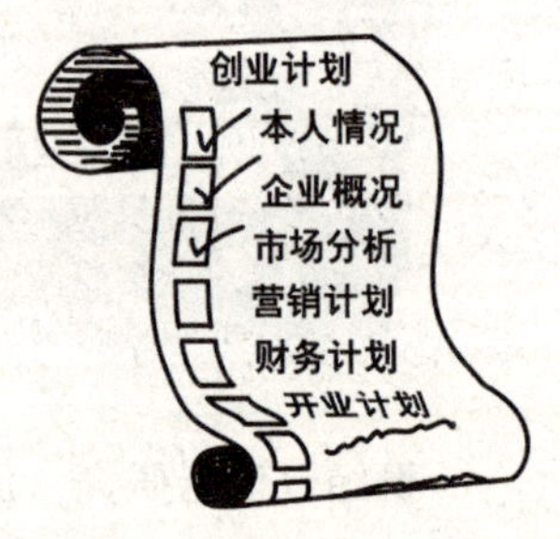

3. 如何实施你的计划?

实施你的计划分三步走。

(1) 广泛收集与你的开业目的相关的信息。向有关政府部门（各区的载体、开业指导中心、工商行政管理局、税务所等）咨询请教，或是申请参加创业培训班学习有关知识。

(2) 在作了充分的精神准备的同时，为开业筹备物质条件，并制定个人的创业计划。

(3) 按创业计划逐项进行工作，并在工作中不断调整、修订计划。

4. 创业计划书模板是什么样的?

创业计划书模板不是唯一的，以下仅供创业者参考。

封面页必须写出以下内容：

密级：AAA

创业计划书

公司名称
创业者姓名
注册年月
邮编地址
电话
传真
E-mail
公司主页（www）

一、企业概况

主要经营范围

二、创业计划者的个人情况

以往的相关经验

教育背景、所学习的相关课程

合作者与合伙人协议

三、市场评估

目标客户描述

市场容量和本企业预计市场占有率

市场容量的变化趋势

竞争对手的主要优势

竞争对手的主要劣势

相对竞争对手的主要优势

相对竞争对手的主要劣势

四、市场营销计划

产品或服务：主要特征

价格：成本价、销售价、竞争对手的价格

地点：地址、面积、租金或建筑成本、选择地址的理由、分销方式及理由

促销：人员推销成本预测、广告成本预测、公共关系成本预测、营业推广成本预测

五、企业组织结构

拟议的公司名称

六、固定资产

工具和设备

企业的交通工具

办公设备

固定资产、折旧明细

七、营运资金（月）

原材料、包装材料

其他经营费用

八、销售收入预测（12个月）

九、销售和成本计划

十、现金流量计划

说明：创业计划书的具体格式请参照SYB创业培训教材（中国劳动社会保障出版社出版）。

十六、注册登记

1. 申办开业需做哪些事情？

要利用一切可咨询的机会，弄清楚做事的程序：

到什么地方去找什么人，能问清楚什么事。问清楚之后再去办事会少走许多弯路。所以，向人请教必须准备好问题，还要十分虚

心，满怀感激之情。先去问当地劳动就业部门和工商行政管理部门以及税务和街道（乡、镇）管理部门，向他们去询问求教是最有效、最可靠的。

2．怎样向政府部门咨询有关事宜？

备齐你的一切证明文件，包括你的身份证、学历证明、技术培训证明、健康情况证明、失业和下岗证明、劳动手册或再就业优惠证以及其他你掌握的私房房产证明、商用房屋租赁合同等。此外，已经前置审批得到的卫生许可证、特种行业开业许可证都应集齐备用。

依序向街道（乡、镇）业务管理部门，当地劳动就业部门，工商行政管理部门，税务部门，公安、卫生、消防等部门咨询。

把你的证件带好，准备好你要咨询的问题，按下列顺序叙述并提问：

（1）我是什么人，住在哪里。现在想办

一个什么样的企业，请问申办的手续怎样。

（2）要获得怎样的许可，到什么地方找什么人办理，什么时候办公。

（3）要填哪些表格，要用哪些证明。

（4）申请要用多少时间能得到答复。

（5）请教还有哪些问题应该知道。

记住：做好记录，把你问的结果记下来，有一点点不明白的地方都要问清楚。证件不齐备赶紧补办。

3. 开办工商个体户的申请条件是什么？

申请开办工商个体户的一个条件就是自然人。当然，有可能是一个人，有可能是几个人，也有可能是一个家庭，我国城镇无业人员，国有、集体企业下岗职工，企事业单位辞退人员，离退休人员，农村村民均可以申办工商个体户，你所从事的活动必须是“工商业经营活动”，包括工业、手工加工制造、编织生产、城乡贩运、商品零售、修理、饮食服务、美容美发服务等，都属于工商活动。当然，这些活动必须要在法律允许的范围内经营，否则要受到法律的追究。

4. 怎样进行工商个体户的工商登记?

开办工商个体户要履行登记手续，也就是说，你要领取一个证照，叫做“营业执照”，不能无照经营或者一照多摊经营，更不能把你的营业执照转让给他人经营。

申请工商个体户的手续也很简单，向工商局提交申请书、身份证、户籍证明就行了。工商局在接到你的证件后进行审查，认为符合条件的，就要签发“营业执照”，然后你就可以开始营业了。当然，你还要办理相应的税务登记，有些对卫生有要求的经营项目（如小餐馆），还要办理卫生许可证等。

十七、运营管理

1. 企业的日常经营管理工作有哪些?

不同类型的企业工作内容有所差别，但以下工作都是一样的：

（1）组织办公室工作，监督管理好企业员工，注意对他们的培训、激励和安全教育。

（2）购买原材料准备库存或购买服务。

（3）控制生产，控制成本，制定价格。

（4）为客户提供优质服务。

（5）做好业务记录。

（6）必须制定好一套企业的规章制度。

2. 如何根据市场需求的变化调整经营策略?

为了提高企业竞争力，可以从以下几个方面着手：

（1）由于竞争商家都在努力出奇制胜，以满足或诱导市场需求，所以业主必须留心行业及顾客群中的新信息。

（2）新产品、新服务项目的出现不仅要学习，也要从业务角度出发以创新意识改善自己的产品或服务，力求扩大市场份额。

3. 怎样避免事故，妥善处理危机?

事故多出于疏忽大意。一旦出现问题应立即向有关方面报告并及时处理。

（1）对企业、对顾客、对员工都负有安全责任，不能因疏忽而导致危机。

（2）出现问题勇于负责，立即组织人力抢救、抢险。及时采取措施是把损失降到最低限度的唯一手段。

4. 如何通过谈判获得成功?

做一个小业主，你不得不经常与供应商、顾客、员工等进行谈判。你的谈判水平将会很大地影响你的业务的成功。谈判时，应遵循以下一些原则：

(1) **设定自己的目标，理清自己的思路。**你想在谈判中获得什么？在卡片上写下你的目标和想法，并且在谈判过程中保留好。

(2) **决定你的界限是什么。**想一下对你最好的结果，再想一下可能出现的最坏的结果。你愿意接受的最低要求是什么？你希望获得的最高要求是什么？提前知道这些界限将防止你被胜利冲昏头脑，并避免你为了获得某种东西而放弃过多的其他利益。

(3) **进行换位思考。**他（她）想从谈判中获得什么？他的最低要求是什么？最高要求是什么？对你并不重要的事可能对其他人很重要。你可以放弃这些而获得你想得到的。

5. 谈判过程中可以应用哪些基本技巧?

(1) 让对方首先提出一个价格。当讨论价格时，尽量让对方首先提出要约，这会显示出他（她）的态度。

(2) 试着走极端。如果对方不表示出他

（她）的态度，你可以抛出一个极端数字——十分高或十分低。这会迫使另一个人提出意见来引导你。

（3）显示出讨价还价的意愿。随着谈判的进行，通过放弃那些你事先已准备放弃，也能承担起的条件，来对对方提出的条件作出回复。

（4）用沉默作为工具。在你开始阐述了理由之后，就不要再说什么。你的沉默会迫使另一方说一些也许能转化为你的优势的条件。

（5）总是要求得到超过别人给你的条件。当一方希望你能在 10 天内付完货款，你应立刻要求 15 天，你可能最终 12 天付款，这比对方最初要求的条件又进了一步。

6. 有效说服的方法是什么？

美国著名学者霍华曾经提出让别人说“是”的30条指南，现摘录几条如下，供创业者参考：

（1）尽量以简单明了的方式说明你的要求。

（2）要照顾对方的情绪。

（3）要以充满信心的态度去说服对方。

（4）找出能引起对方兴趣的话题，并使他继续感兴趣。

（5）让对方感到你非常感谢他的协助，如果对方遇到困难，你就应该努力帮助他解决。

（6）直率地说出自己的希望。

（7）向对方反复说明他对你协助的重要性。

（8）切忌以高压的手段强迫对方。

（9）要表现出亲切的态度。

（10）掌握对方的好奇心。

（11）让对方了解你，并非是“取”，而是在“给”。

（12）让对方自由发表意见。

（13）要对方证明，为什么赞成你是最好的决定。

（14）让对方知道，只要你在他身旁，便觉得很快乐。

7. 如何有效地利用时间?

“永远先做最重要的事情”，这是在日理万机中保持有条不紊的灵丹妙药。

每天睡前在纸上写下明天要做的最重要的事情，然后用数字标明每件事情对你和你的公司的重要性。第二天早上首先是把纸条拿出来，开始做第一件最重要的事情。不要看其他的，只是办第一件事，直至完成为止。然后用同样的方法对待第二项、第三项……直到你下班为止。如果只做完第一件事，那也不要紧，你总是在做最重要的事情。每一天都这样做，并鼓励你的员工也这样干。

有效利用时间的精髓是：分清轻重缓急，设定优先顺序。面对每天大大小小、纷繁复杂的事情，如何分清主次，把时间用在最有生产力的地方，有 3 个判断标准：

（1）**你必须做什么**——这里有两层意思：是否必须做，是否必须由你做。非做不可，但并非一定要你亲自做的事情，可以委派别人去做，自己只负责督促。

（2）**什么能给你最高回报**——“最高回报”的事情，即是符合“目标要求”或自己会比别人干得更好的事情。现代社会只承认有效率的劳动，勤要勤在点子上，勤奋是用最少的时间完成最多的目标。

（3）**什么能给你最大的满足感**——无论你地位如何，总需要把时间分配在令人满足和快乐的事情上。这样工作才会充满情趣，并使人保持工作的热情。

通过以上的考虑，事情的轻重缓急就很清楚了。然后以重要性优先排序，并坚持这个原则去做。你将会发现，再也没有其他办法比按重要性办事更能有效利用时间的了。

把时间用在最有生产力的地方

8. 如何修订创业计划书?

不断总结经验，把创业计划修订为经营发展计划有利于企业的长远发展。开业半年的业务记录就是业主修订创业计划的根据，企业的运转、发展除了要按计划实施以谋求盈利外，还应该寻找可能存在的问题或发现未能充分利用的优势。出现以下不同情况应分别对待：

（1）**半年经营下来未能获利**。仔细检讨原因，采取补救措施。自己无力改善则请有关专家分析指导。实无转变困境的可能，只好停业另谋出路，以免更大的损失。

（2）**半年下来得以维持**。查找发展困难的原因，加强竞争能力，改善不足之处，修订创业计划，力图获得成功。

（3）**经营良好，达到预期目标**。进一步查找存在的优势，对市场前景再作估计，维持良好势态经营下去。不可盲目扩大投资。积累经验，蓄势待发。

以上 3 种情况都要对原有创业计划进行修订、补充，并以新的计划作为企业生存发展的标尺，以求改善经营，达到更高的目标。

参考书目

[1]达人编著.小本创业36计.北京：企业管理出版社，2001

[2][美]史蒂夫.青年创业指南.北京：经济日报出版社，2003

[3]刘奇编著.开店赚钱做老板.北京：中国商业出版社，2003

[4]杰夫编著.领导用人100招.北京：企业管理出版社，2001

[5]刘登高主编.创新与创业.北京：中国劳动社会保障出版社，2001

[6][美]霍尔特著.教你做生意.北京：中国人民大学出版社，1999

[7][英]迈克尔·莫里斯著.企业开办宝典.上海远东出版社，2002

[8]国际劳工组织北京局编.创办你的企业.北京：中国劳动社会保障出版社，2003

[9]国际劳工组织北京局编.创办你的企业·知识辅导教程

[10]费墨编著.你是最棒的说服者.北京：九州出版社，2004

[11]古古编著.开店打理，业务代表.北京：中华工商联合出版社，2004

[12]顶点编著.在哈佛学不到的经商课.北京：中国戏剧出版社，2002

[13]邓子良主编.开一家自己的个性店.北京：企业管理出版社，2003